HERBES ET PLANTES

100 RECETTES ÉTONNANTES À UTILISER TOUS LES JOURS POUR VOS PLATS DÉLICIEUX

MARJOLAINE DENIAUD

Tous les droits sont réservés.

Avertissement

Les informations contenues dans cet eBook sont destinées à servir de collection complète de stratégies sur lesquelles l'auteur de cet eBook a effectué des recherches. Les résumés, stratégies, trucs et astuces ne sont que des recommandations de l'auteur, et la lecture de cet eBook ne garantit pas que ses résultats refléteront exactement les résultats de l'auteur. L'auteur de l'eBook a fait tous les efforts raisonnables pour fournir des informations actuelles et précises aux lecteurs de l'eBook. L'auteur et ses associés ne sauraient être tenus responsables des erreurs ou omissions involontaires qui pourraient être constatées. Le contenu de l'eBook peut inclure des informations provenant de tiers. Les documents de tiers comprennent les opinions exprimées par leurs propriétaires. En tant que tel, l'auteur de l'eBook n'assume aucune responsabilité pour tout matériel ou opinion de tiers.

L'eBook est protégé par copyright © 2022 avec tous droits réservés. Il est illégal de redistribuer, copier ou créer des travaux dérivés à partir de cet eBook en tout ou en partie. Aucune partie de ce rapport ne peut être reproduite ou retransmise sous quelque forme que ce soit sans l'autorisation écrite expresse et signée de l'auteur.

TABLE DES MATIÈRES

TABLE DES MATIÈRES 3

INTRODUCTION 7

MÉLANGES D'HERBES 10

    1. MÉLANGE SANS SEL 11
    2. ASSAISONNEMENT ITALIEN 13
    3. MÉLANGE DE JARDIN 15
    4. HERBES POUR VOLAILLE 17
    5. HERBES DE POISSON 19
    6. SAUCE ÉPICÉE AU POULET 21
    7. MÉLANGE D'ÉPICES POUR TARTE À LA CITROUILLE 23
    8. SHAKER À ÉPICES POUR PETIT-DÉJEUNER 25
    9. POUDRE DE CURRY 27
    10. MÉLANGE DE FAJITAS 29
    11. ÉPICE DE FRUITS DE MER 31
    12. BOUQUET DE POULET 33
    13. BOUQUET DE BOEUF 35
    14. BOUQUET DE POISSON 37

JUS D'HERBES ET SMOOTHIES 39

    15. SMOOTHIE FRAISE ET MACADAMIA 40
    16. SMOOTHIE AUX BAIES DE GOJI ET AUX PIGNONS DE PIN 42
    17. SMOOTHIE BOOSTER CASSIS 44
    18. SMOOTHIE GRIOTTE ET CACAO CRU 46
    19. SMOOTHIE AUX AMANDES ET À LA ROSE 48
    20. SMOOTHIE PISTACHE ET AVOCAT 50
    21. SMOOTHIE MACA ET MANGUE 53
    22. SMOOTHIE PRUNE ET FENOUIL 55
    23. SMOOTHIE AUX BAIES ÉNERGÉTIQUES 57

24.	LE DÉLICE DES RANDONNEURS DU DÉBUT DE L'AUTOMNE	60
25.	JUS DE LÉGUMES DU JARDIN	62
26.	JUS DE POIVRON ROUGE ET GRAINES GERMÉES	65
27.	JUS DE GINGEMBRE ET FENOUIL	67
28.	JUS DE FENOUIL ET POUSSES DE BROCOLI	69
29.	FEUILLES DE SARRASIN ET JUS DE POUSSES DE POIS	71
30.	JUS DE SAUCE TOMATE	73
31.	FEUILLE D'ARTICHAUT ET JUS DE FENOUIL	76
32.	FEUILLES DE TOURNESOL ET JUS D'HERBE DE BLÉ	78

TISANES 80

33.	THÉ À LA MÉLISSE ET À LA ROSE	81
34.	THÉ AU JASMIN ET À LA CITRONNELLE	83
35.	THÉ AUX BAIES DE GOJI ET DAMIANA	85
36.	THÉ À LA ROSE MUSQUÉE ET À LA MYRTILLE	87
37.	THÉ AU CHRYSANTHÈME ET FLEUR DE SUREAU	89
38.	THÉ À LA CAMOMILLE ET AU FENOUIL	91
39.	THÉ AU PISSENLIT ET À LA BARDANE	93
40.	INFUSION D'ACHILLÉE MILLEFEUILLE ET DE CALENDULA	95
41.	SCUTELLAIRE ET THÉ À LA FLEUR D'ORANGER	97
42.	THÉ MÛRE ET FRAISE DES BOIS	99
43.	INFUSION DE MENTHE POIVRÉE ET DE CALENDULA	101
44.	THÉ À LA FLEUR D'AUBÉPINE ET À LA LAVANDE	103
45.	THÉ D'ORTIE ET DE GAILLET GRATTERON	105
46.	THÉ À LA MOLÈNE ET À LA GUIMAUVE	107
47.	THÉ À LA PRÊLE ET À LA SOIE DE MAÏS	109
48.	THÉ GLACÉ AUX HERBES FRUITÉES	111
49.	TISANE À LA FRAMBOISE	115
50.	THÉ À LA CARDAMOME	117
51.	THÉ SASSAFRAS	119
52.	THÉ MORINGA	121

| 53. | Thé à la sauge | 124 |

CORDIALS ET SIROPS 126

54.	Cordial mûre et citron vert	127
55.	Cordial de sureau et fleur de sureau	129
56.	Miel doux de violette et de gingembre	132
57.	Purée de mélisse et miel	135
58.	Sirop de rose musquée	138
59.	Molène et sirop d'anis	140
60.	Sirop de pétale de rose	142
61.	Sirop de cerise aigre	144
62.	Sirop d'échinacée et de thym	146

TEINTURE AUX HERBES 149

63.	Teinture de menthe poivrée et de thym	150
64.	Teinture de sureau et de réglisse	152
65.	Teinture de fleurs de tilleul et de baies d'aubépine	155
66.	Teinture de passiflore et de camomille	158
67.	Teinture de baies de gattilier et de dang gui	161
68.	Teinture de baies de Goji et de ginseng de Sibérie	164
69.	Teinture de trèfle rouge et gaillet gratteron	167
70.	Teinture d'hiver d'échinacée et de sureau	170
71.	Teinture de pissenlit et de bardane	173
72.	Crampbark et teinture de valériane	176
73.	Teinture d'actée à grappes noires et de sauge	179
74.	Teinture de feuille de bouleau et de racine d'ortie	182

ALIMENTS À BASE DE PLANTES 185

75.	Poulet émietté aux herbes	186
76.	Crème de poulet aux herbes	189
77.	Dinde glacée à l'abricot de Dijon	191
78.	Poulet et riz sur sauce aux herbes	194

79.	Poulet à la crème et aux herbes	196
80.	Madère au poulet sur biscuits	199
81.	Soupe de poulet aux herbes	202
82.	Poulet au vin et aux herbes	205
83.	Raviolis aux herbes	207
84.	Linguine aux herbes mélangées	210
85.	Farfalle sauce aux herbes	213
86.	Nouilles aux œufs à l'ail	215
87.	Cappelini aux épinards aux herbes	217
88.	Riz malaisien aux herbes	220
89.	Cheveux d'ange au saumon fumé	223
90.	Morue aux herbes	226
91.	Saumon poché froid	229
92.	Filets d'herbes à l'aneth	232
93.	Poisson croustillant au four et herbes	234
94.	Fettucine aux crevettes	236
95.	Moules à l'ail	238
96.	Poisson des Caraïbes au vin	241
97.	Lotte aux herbes à l'ail	244
98.	Escalopes de porc aux fines herbes	246
99.	Saucisse aux herbes du monastère	249
100.	Filet d'agneau aux herbes	252

CONCLUSION **254**

INTRODUCTION

Il n'y a pas de règle générale sur la quantité d'herbes à utiliser. La plupart des recettes précisent une quantité dans la liste des ingrédients. Si vous n'avez pas de recette à suivre, commencez par ¼ de cuillère à café et ajoutez-en au besoin pour atteindre votre saveur idéale. Vous ne voulez pas que les herbes dominent les autres saveurs du plat.

Les herbes séchées sont plus fortes que les herbes fraîches, vous devrez donc utiliser plus d'herbes fraîches. Si la recette demande 1 cuillère à café d'herbes séchées broyées ou ¼ de cuillère à café d'herbes en poudre, utilisez 3 cuillères à café (1 cuillère à soupe) d'herbes fraîches. Les mélanges d'herbes séchées suivants sont parfaits pour accompagner n'importe quel plat. N'oubliez pas d'ajuster la quantité lorsque vous utilisez des herbes fraîches.

Herbes communes

A. **Basilic**-Produits à base de tomates (jus, sauces pour pâtes, sauce à pizza), œufs, viandes de gibier, agneau, veau, riz, spaghetti, vinaigrette, soupes (minestrone, pois, pomme de terre et légumes), haricots, aubergines

B. **Thym**-Oeufs, viandes de gibier, agneau, veau, riz, volaille, sauce barbecue, poisson, huîtres, chaudrées, soupes (oignon, tomate et légumes), champignons, tomates

C. **Romarin** -Dumplings, œufs, gibier, agneau, veau, volaille, poisson, sauce barbecue, poulet, bœuf, soupes (pois et légumes), haricots, champignons, pommes de terre, chou-fleur, navets

D. **Origan**-Plats à base de tomates, bœuf, gibier, veau, spaghettis, palourdes, soupes (haricots, minestrone et tomate), haricots, aubergines et champignons

E. **Aneth**-Plats à base de tomates, pains à la levure, œufs, salade de chou, salade de pommes de terre, poisson, haricots, choux de Bruxelles, chou-fleur, concombre, courge d'été

F. **Persil**-Salades, légumes, pâtes

G. **Sauge**-Fromage cottage, viandes de gibier, porc, riz, volaille, soupes (poulet, minestrone et légumes), farce

H. **Coriandre**-Cuisine mexicaine et asiatique, riz, salsa, tomates

I. **Menthe**-Desserts, agneau, petits pois, salades de fruits, sauces

MÉLANGES D'HERBES

1. Mélange sans sel

fait environ ⅓ Coupe

Ingrédients

- 1 cuillère à soupe de moutarde en poudre
- 2 cuillères à café de persil
- 2 cuillères à café de poudre d'oignon
- 2 cuillères à café de thym
- 1 cuillère à soupe d'ail en poudre
- 2 cuillères à café d'aneth
- 2 cuillères à café de sarriette
- 2 cuillères à café de paprika
- 2 cuillères à café de zeste de citron

les directions

a) Mélanger et conserver dans un contenant hermétique.

b) Lorsque vous êtes prêt à l'emploi, mélangez une petite quantité avec de l'eau pour former une pâte.

2. Assaisonnement italien

donne environ 1½ tasse

Ingrédients

- ½ tasse d'origan séché
- ½ tasse de basilic séché
- ½ tasse de romarin séché
- ¼ tasse de persil séché
- ½ tasse de thym séché
- 1 cuillère à soupe de graines de fenouil, écrasées
- ¼ tasse de marjolaine séchée
- 2 cuillères à soupe de sauge séchée
- ¼ tasse d'origan séché
- 1 cuillère à soupe de flocons de piment rouge fort
- ¼ tasse de sarriette séchée

les directions

a) Mélanger et conserver dans un contenant hermétique.

b) Lorsque vous êtes prêt à l'emploi, mélangez une petite quantité avec de l'eau pour former une pâte.

3. Mélange de jardin

donne environ 1¼ tasse

Ingrédients

- 2 cuillères à soupe de feuilles de lavande séchées
- 2 cuillères à soupe de graines ou de tiges de fenouil séchées
- 3 cuillères à soupe de persil séché
- 3 cuillères à soupe de basilic séché
- 3 cuillères à soupe de thym séché
- 3 cuillères à soupe de marjolaine séchée
- 3 cuillères à soupe de romarin séché
- 3 cuillères à soupe de ciboulette séchée
- 3 cuillères à soupe de paprika
- ½ cuillère à café d'ail en poudre

les directions

a) Mélanger et conserver dans un contenant hermétique.

b) Lorsque vous êtes prêt à l'emploi, mélangez une petite quantité avec de l'eau pour former une pâte.

4. Herbes pour volaille

fait environ ⅓ Coupe

Ingrédients

- 2 cuillères à soupe d'estragon séché
- 1 cuillère à soupe de marjolaine séchée
- 1 cuillère à soupe de basilic séché
- 1 cuillère à soupe de romarin séché
- 1 cuillère à café de paprika
- 1 cuillère à café de livèche séchée

les directions

a) Mélanger et conserver dans un contenant hermétique.

b) Lorsque vous êtes prêt à l'emploi, mélangez une petite quantité avec de l'eau pour former une pâte.

5. Herbes de poisson

donne environ ½ tasse

Ingrédients
- 3 cuillères à soupe d'aneth séché
- 2 cuillères à soupe de basilic séché
- 1 cuillère à soupe d'estragon séché
- 1 cuillère à soupe de thym citron séché
- 1 cuillère à soupe de persil séché
- 1 cuillère à soupe de cerfeuil séché
- 1 cuillère à soupe de ciboulette séchée

les directions

a) Mélanger et conserver dans un contenant hermétique.

b) Lorsque vous êtes prêt à l'emploi, mélangez une petite quantité avec de l'eau pour former une pâte.

6. Sauce épicée au poulet

Ingrédients

- 2 cuillères à café de piment en poudre
- 1 cuillère à café d'origan moulu
- 1 cuillère à café de feuilles de coriandre, séchées et émiettées
- 1/2 à 1 cuillère à café de poivre de Cayenne
- 1 cuillère à café d'ail en poudre
- 1/2 cuillère à café de poivre noir fraîchement moulu
- 1/2 cuillère à café de gingembre moulu
- 1/2 cuillère à café de cumin moulu

les directions

c) Mélanger et conserver dans un contenant hermétique.
d) Lorsque vous êtes prêt à l'emploi, mélangez une petite quantité avec de l'eau pour former une pâte.

7. Mélange d'épices pour tarte à la citrouille

Ingrédients

- 1/3 tasse de cannelle
- 1 cuillère à soupe de gingembre moulu
- 1 cuillère à soupe de muscade ou de macis
- 1 1/2 cuillères à café de clous de girofle moulus
- 1 1/2 cuillères à café de piment de la Jamaïque

les directions

a) Mélanger et conserver dans un contenant hermétique.

b) Ajouter 1 à 1 1/2 cuillères à café de ce mélange à la garniture pour tarte à la citrouille.

8. Shaker à épices pour petit-déjeuner

Ingrédients

- 1 tasse de sucre
- 3 cuillères à soupe de cannelle
- 1 cuillère à café de muscade ou de macis
- 1 cuillère à café de cardamome

les directions

a) Mélanger et conserver dans un contenant hermétique.
b) Saupoudrer sur des crêpes, des toasts ou des flocons d'avoine.

9. Poudre de curry

Ingrédients

- 4 cuillères à soupe de coriandre moulue
- 3 cuillères à soupe de curcuma moulu
- 2 cuillères à soupe de cumin moulu
- 1 cuillère à soupe de poivre noir fraîchement moulu
- 1 cuillère à soupe de gingembre moulu
- 1 cuillère à café de graines de fenouil moulues
- 1 cuillère à café de piment en poudre
- 1/2 cuillère à café de poivre de Cayenne

les directions

a) Mélanger et conserver dans un contenant hermétique.

b) Ajouter à la salade de poulet ou aux œufs ou au riz, ou utiliser pour faire du curry de viande ou de légumes.

10. Mélange de fajitas

Ingrédients

- 4 cuillères à soupe de piment en poudre
- 2 cuillères à soupe de cumin moulu
- 2 cuillères à café d'origan moulu
- 2 cuillères à café de sel d'ail

les directions

a) Mélanger et conserver dans un contenant hermétique.

b) Saupoudrer sur de la viande de fajita ou incorporer dans un pain de viande ou des hamburgers pour un coup de pied épicé.

11. Épice de fruits de mer

Ingrédients

- 2 cuillères à soupe de piment de la Jamaïque
- 2 cuillères à soupe de sel de céleri
- 2 cuillères à soupe de moutarde moulue
- 1 cuillère à soupe de gingembre moulu
- 1 cuillère à soupe de paprika
- 3/4 cuillère à café de poivre de Cayenne

les directions

a) Mélanger et conserver dans un contenant hermétique.

b) Ajouter aux salades de fruits de mer et aux chaudrées, ou saupoudrer sur les filets de poisson.

12. Bouquet de Poulet

Ingrédients

- 1 feuille de laurier
- 1 cuillère à soupe d'estragon
- 1 cuillère à soupe de persil
- 1 cuillère à café de romarin
- 1 cuillère à café de thym

les directions

a) Mélanger et conserver dans un contenant hermétique.

13.   Bouquet de boeuf

Ingrédients

- 1 cuillère à café de grains de poivre noir
- 2 clous de girofle entiers
- 1 feuille de laurier cassée
- 2 cuillères à café de thym
- 2 cuillères à café de marjolaine
- 2 cuillères à café de sarriette
- 1 cuillère à soupe de persil
- 1/2 cuillère à café de feuilles de livèche broyées

les directions

a) Mélanger et conserver dans un contenant hermétique.

14.   Bouquet de poisson

Ingrédients

- 1 feuille de laurier
- 2 grains de poivre noir
- 1 cuillère à café de thym
- 1 cuillère à café de fenouil
- 1 cuillère à café de feuilles de livèche broyées
- 1 cuillère à soupe de persil

les directions

a) Mélanger et conserver dans un contenant hermétique.

JUS D'HERBES ET SMOOTHIES

15.   Smoothie fraise et macadamia

Donne 4 portions

Ingrédients

- 1/2 gousse de vanille
- 50 g (13/4 oz) de noix de macadamia crues
- pulpe de 1 jeune noix de coco de taille moyenne
- 250 g (9 oz) de fraises fraîches
- un peu de jus de noix de coco (facultatif)

les directions

a) Fendre la gousse de vanille avec un couteau bien aiguisé, puis gratter les graines.

b) Placer les noix et la pulpe de noix de coco dans un mélangeur ou un robot culinaire.

c) Ajouter les fraises et les graines de vanille. Pulser tous les ingrédients pour donner une texture lisse et soyeuse. Si le smoothie semble très épais, ajoutez suffisamment de jus de noix de coco pour lui donner une meilleure texture. Verser dans 4 verres et servir.

16. Smoothie aux baies de Goji et aux pignons de pin

Donne 2 portions

Ingrédients

- 50g (13/4oz) d'amandes
- 50 g (13/4 oz) de baies de goji
- 20 g (3/4 oz) de pignons de pin
- 1 cuillères à café d'huile de lin
- 2-3 feuilles de menthe poivrée fraîche 350-400 ml (12-14 fl oz) d'eau minérale

les directions

a) Placer tous les ingrédients dans un mélangeur ou un robot culinaire et mélanger avec l'eau minérale pour donner une texture lisse et soyeuse.

b) Si la consistance est un peu trop épaisse, ajoutez un peu d'eau et mixez.

17.   Smoothie booster cassis

Donne 2 portions

Ingrédients

- 50 g (1 3/4 oz) de cassis frais (ou utilisés séchés et trempés en premier)
- 50 g (1 3/4 oz) d'orge torréfiée
- 4 cuillères à café de sirop d'agave
- 4 cuillères à café d'huile de noix de coco
- 250 ml (9 oz) de lait de riz
- Un peu d'eau minérale

les directions

a) Mettre tous les ingrédients sauf l'eau minérale dans un mélangeur ou un robot culinaire et mélanger jusqu'à consistance lisse.

b) Ajouter suffisamment d'eau minérale pour s'assurer que le smoothie est d'une consistance versable.

18. Smoothie griotte et cacao cru

Donne 2 portions

Ingrédients

- 50 g (1 3/4 oz) de cerises acides, dénoyautées si fraîches ou séchées
- 300 ml (10 fl oz) de lait de riz ou d'amande 4 cuillères à café de poudre de cacao crue ou régulière 4 cuillères à café de graines de chanvre, décortiquées 4 cuillères à café d'huile de lin

les directions

a) Si vous utilisez des cerises acides séchées, faites-les tremper quelques heures dans 150 ml (5 fl oz) d'eau minérale.

b) Mélanger la moitié du riz ou du lait d'amande avec le reste des ingrédients dans un mélangeur ou un robot culinaire et mélanger jusqu'à l'obtention d'une consistance lisse, soyeuse et versable. Ajoutez le reste du lait par étapes jusqu'à ce que la texture du smoothie soit à votre goût.

19.   Smoothie aux amandes et à la rose

Donne 2 portions

Ingrédients

- 50g (1 3/4oz) d'amandes
- 300-400 ml (10-14 fl oz) d'eau minérale 2 1/2 cuillères à soupe de sirop de rose
- 4 cuillères à café d'huile d'amande
- 1 goutte d'huile essentielle d'essence de rose (facultatif)
- 8 pétales de rose de Damas (facultatif)

les directions

a) Mélanger la moitié de l'eau minérale avec le reste des ingrédients dans un mélangeur ou un robot culinaire et mélanger jusqu'à l'obtention d'une consistance lisse, soyeuse et versable.

b) Ajoutez le reste de l'eau par étapes jusqu'à ce que la texture du smoothie soit à votre goût.

20. Smoothie pistache et avocat

Donne 2 portions

Ingrédients

- 50 g (13/4 oz) de pistaches (plus quelques-unes pour la décoration)
- 1 petit avocat, dénoyauté, pelé et coupé en quartiers
- 1 cuillères à café d'huile de graines de chanvre
- 2 cuillères à café d'huile de lin
- jus de 1/2 citron
- jus frais de 6 branches de céleri
- poivre noir fraîchement moulu au goût pincée de sel
- 3-4 feuilles de basilic frais
- un peu d'eau minérale

les directions

a) Mettre tous les ingrédients sauf l'eau minérale dans un mélangeur ou un robot culinaire et mélanger jusqu'à consistance lisse. Ajouter suffisamment d'eau minérale pour s'assurer que le smoothie est d'une consistance versable.

b) Servir dans des verres, saupoudrer de pistaches finement hachées sur chacun.

21.   Smoothie maca et mangue

Donne 2 portions

Ingrédients

- 2 grosses mangues mûres
- 2 cuillères à café de poudre de racine de maca
- 2 cuillères à café de graines de chanvre, décortiquées
- 2 cuillères à café d'huile de noix de coco
- jus de 1 citron
- 4 feuilles de menthe poivrée fraîche
- un peu d'eau minérale (facultatif)

les directions

a) Placer tous les ingrédients dans un mélangeur ou un robot culinaire et mélanger jusqu'à l'obtention d'une texture lisse et soyeuse.

b) Diluer avec de l'eau minérale à volonté, si nécessaire.

22. Smoothie prune et fenouil

Donne 2 portions

Ingrédients

- 9-10 grosses prunes à peau bleu foncé
- 1/2 cuillères à café de graines de fenouil
- 2 cuillères à soupe de graines de lin, trempées
- 2 cuillères à soupe de graines de chanvre décortiquées, trempées

les directions

a) Faites d'abord compoter les prunes : mettez-les dans une casserole avec 250 ml d'eau minérale, ajoutez les graines de fenouil et portez à ébullition. Mettez le couvercle et laissez mijoter à feu doux pendant 10 à 12 minutes. Laisser refroidir.

b) Transférer dans un mélangeur ou un robot culinaire, ajouter les graines restantes (ou les huiles, le cas échéant) et mélanger jusqu'à l'obtention d'une consistance lisse.

23. Smoothie aux baies énergétiques

Donne 2 portions

Ingrédients

- 2 cuillères à soupe de framboises fraîches
- 2 cuillères à soupe de mûres fraîches
- 2 cuillères à soupe de bleuets frais
- 2 cuillères à soupe de cassis frais
- 2 cuillères à café de poudre de baies d'açai
- 800 ml d'infusion de citronnelle, froide
- un peu d'eau minérale (facultatif)
- un trait de sirop d'érable ou une pincée de poudre de stévia (facultatif)

les directions

a) Placez les baies fraîches et la poudre de baies d'açaï dans un mélangeur ou un robot culinaire, ajoutez l'infusion de citronnelle et mélangez jusqu'à l'obtention d'une texture lisse et soyeuse.

b) Si nécessaire, ajoutez un peu d'eau minérale pour obtenir une consistance que vous aimez.

24.   Le délice des randonneurs du début de l'automne

Donne 2 portions

Ingrédients

- 3 1/2 pommes, pelées, évidées et hachées
- 1/3 poire pelée, évidée et hachée
- 12 baies de sureau mûres, rincées, avec toutes les tiges retirées
- 20 mûres mûres, rincées

les directions

a) Mettre tous les ingrédients dans un mélangeur ou un robot culinaire et mélanger jusqu'à consistance lisse.

b) Répartir dans deux verres et garnir de sirop de baies de sureau et de fleurs de sureau pour rehausser le contenu antiviral du smoothie.

25. Jus de légumes du jardin

Donne 2 portions

Ingrédients

- 2 poignées de feuilles de chou
- 2 feuilles de bette à carde
- 1 grosse poignée de feuilles d'épinards
- 1/2 concombre
- 1 petite courgette verte
- 3 branches de céleri
- 2 feuilles de pissenlit (grandes)
- 2 tiges de marjolaine fraîche
- un trait de jus de citron (facultatif)

les directions

a) Laver et presser tous les légumes et les herbes et bien mélanger. Ajouter le jus de citron au goût si vous le souhaitez ou,

b) si vous préférez une saveur de citron plus puissante, ajoutez un huitième de citron (bio est préférable) et mélangez bien jusqu'à homogénéité.

26.   Jus de poivron rouge et graines germées

Donne 2 portions

Ingrédients

- 1 poivron rouge, épépiné et coupé en quartiers
- 20 g (3/4 oz) de graines de luzerne germées
- 20 g (3/4 oz) de graines de trèfle rouge germées
- 10 g (1/4 oz) de graines de brocoli germées
- 1/2 concombre
- 2-3 feuilles de menthe fraîche
- 1/2 petit piment rouge frais, épépiné

les directions

a) Pressez tous les ingrédients et mélangez soigneusement.

27. Jus de gingembre et fenouil

Donne 2 portions

Ingrédients

- 1 gros bulbe de fenouil
- 1 cm (1/2 po) cube de racine de gingembre frais, pelée
- 2 tiges de céleri
- 1/2 petit concombre
- 1/2 petite courgette verte
- 1 tige de basilic frais

les directions

a) Pressez tous les ingrédients, mélangez bien et buvez immédiatement.

28.   Jus de fenouil et pousses de brocoli

Donne 2 portions

Ingrédients

- 1 gros bulbe de fenouil
- 45 g (11/2 oz) de graines de brocoli germées
- 45 g (11/2 oz) de graines de luzerne germées
- 1 grosse carotte
- 2 branches de céleri
- 2 à 3 feuilles de menthe fraîche un peu de jus de citron

les directions

a) Pressez tous les ingrédients, ajoutez le jus de citron au goût et mélangez bien.

29. Feuilles de sarrasin et jus de pousses de pois

Donne 2 portions

Ingrédients

- 2 cuillères à soupe de jeunes pousses de sarrasin finement hachées
- 4 cuillères à soupe de pousses de pois frais
- 2 courgettes
- 1 concombre
- 2 cuillères à soupe de feuilles de marjolaine fraîche
- un trait de jus de citron
- 200 ml d'eau minérale

les directions

a) Pressez tous les ingrédients, ajoutez l'eau minérale et le jus de citron au goût et mélangez bien.

30.   Jus de sauce tomate

Donne 2 portions

Ingrédients

- 5 tomates mûres
- 1/2 concombre
- 1 petite gousse d'ail
- 1/2 piment rouge frais, épépiné
- 1 tige de feuilles de basilic frais
- 2 branches de céleri
- 1 cuillères à café d'huile d'olive vierge
- sel au goût
- 1 poivron rouge, épépiné

les directions

a) Pressez tous les légumes et les herbes, ajoutez l'huile d'olive, assaisonnez avec un peu de sel si vous le souhaitez et mélangez bien.

b) Si vous préférez votre jus rouge, ajoutez 1 poivron rouge épépiné aux légumes et aux herbes lorsque vous les extrayez.

31.   Feuille d'artichaut et jus de fenouil

Donne 2 portions

Ingrédients

- 1 cuillères à café de feuilles d'artichaut, hachées finement
- 1 bulbe de fenouil moyen
- 4 feuilles de pissenlit frais
- 4 tiges de céleri
- 1/2 courgettes

les directions

a) Pressez tous les ingrédients, mélangez soigneusement et buvez.

b) Si vous trouvez le jus trop amer, diluez-le avec de l'eau minérale jusqu'à ce qu'il soit agréable au goût.

32. Feuilles de tournesol et jus d'herbe de blé

Donne 2 portions

Ingrédients

- 100 g (31/2 oz) de feuilles de tournesol
- 100g (31/2oz) de brins d'herbe de blé
- 300 ml (10 fl oz) ou plus d'eau minérale

les directions

a) Pressez les feuilles de tournesol et l'agropyre, mélangez bien et ajoutez suffisamment d'eau minérale pour diluer la saveur du jus et lui donner un goût agréable.

TISANES

33.   Thé à la mélisse et à la rose

Donne 2 à 3 portions

Ingrédients

- 16 feuilles de mélisse fraîche (les sommités fleuries souples peuvent également être utilisées), ou 1 cuillères à soupe de mélisse séchée

- 2 têtes de rose avec les pétales enlevés, ou 2 cuillères à soupe de pétales de rose séchés

les directions

a) Mettez les feuilles fraîches de mélisse et les pétales de rose dans une grande théière. Si vous utilisez de la mélisse séchée et des pétales de rose, versez-les plutôt dans la théière.

b) Faites bouillir 500 ml d'eau, laissez refroidir 5 minutes, puis versez-la dans la théière. Laisser infuser 5 minutes puis servir. Plus d'eau peut être ajoutée plus tard si nécessaire pour réinfuser les feuilles et les pétales de rose.

34. Thé au jasmin et à la citronnelle

Donne 2 portions

Ingrédients

- 1 tige de citronnelle, hachée
- 1 cuillères à soupe de fleurs de jasmin
- un trait de jus de citron vert

les directions

a) Placez la citronnelle hachée dans une théière et ajoutez les fleurs de jasmin.

b) Diluer 200 ml (7 fl oz.) d'eau bouillie avec 100 ml (3/2 fl oz.) d'eau froide afin que la température de l'eau chaude soit d'environ 70 °C (158 °F).

c) Versez l'eau dans la théière, laissez l'arôme se développer et servez. Par temps chaud, ce thé peut être servi frais.

35.   Thé aux baies de goji et damiana

Donne 2 portions

Ingrédients
- 1 cuillères à soupe de baies de goji, fraîches ou séchées
- 1 cuillères à café de damiana (Turnera diffusa)
- 1/2 cuillères à café de poudre de racine de réglisse

les directions

a) Mettez tous les ingrédients dans une théière, couvrez de 300 ml d'eau bouillante, laissez reposer 10 à 15 minutes, puis servez. L'infusion peut également être laissée refroidir et servie comme boisson froide.

36. Thé à la rose musquée et à la myrtille

Donne 2 portions

Ingrédients

- 1 cuillères à soupe de coquilles d'églantier, fraîches ou séchées
- 1 cuillères à soupe de myrtilles, fraîches ou séchées
- 1 cuillère à café de zeste d'orange
- 1 cuillère à café de baies de goji, fraîches ou séchées

les directions

a) Mettre tous les ingrédients dans une théière et couvrir de 300 ml (10 fl oz.) d'eau bouillante.

b) Laisser infuser 10 à 15 minutes, filtrer et servir.

37. Thé au chrysanthème et fleur de sureau

Donne 2 portions

Ingrédients

- 1/2 cuillères à soupe de fleurs de chrysanthème
- 1/2 cuillères à soupe de fleurs de sureau
- 1/2 cuillères à soupe de menthe poivrée
- 1/2 cuillères à soupe de feuilles d'ortie

les directions

a) Mettre tous les ingrédients dans une théière, couvrir de 300 ml d'eau bouillante, laisser infuser et servir.

b) Buvez 3 à 4 tasses par jour pendant la saison du rhume des foins.

38.   Thé à la camomille et au fenouil

Donne 3 portions

Ingrédients

- 1 cuillère à café de fleurs de camomille
- 1 cuillère à café de graines de fenouil
- 1 cuillères à café de reine des prés
- 1 cuillères à café de racine de guimauve, hachée finement
- 1 cuillères à café d'achillée millefeuille

les directions

a) Mettez les herbes dans une grande théière.

b) Faire bouillir 500 ml (16 fl oz) d'eau bouillante et ajouter à la théière. Laisser infuser 5 minutes et servir.

c) Buvez 1 tasse d'infusion 2 à 3 fois par jour.

39.   Thé au pissenlit et à la bardane

Donne 3 à 4 portions

Ingrédients

- 1 cuillère à café de feuilles de pissenlit
- 1 cuillère à café de feuilles de bardane
- 1 cuillères à café d'herbe de gaillet gratteron
- 1 cuillère à café de fleurs de trèfle rouge

les directions

a) Mettez tous les ingrédients dans une théière, versez 500 ml d'eau bouillante, laissez infuser 10 à 15 minutes et servez. Boire chaud ou froid tout au long de la journée.

40. Infusion d'achillée millefeuille et de calendula

Donne 3 à 4 portions

Ingrédients

- 1 cuillères à café d'achillée millefeuille
- 1 cuillère à café de fleurs de souci
- 1 cuillères à café d'alchémille
- 1 cuillères à café de verveine
- 1 cuillère à café de feuille de framboise

les directions

a) Mettez tous les ingrédients dans une théière, versez 500 ml d'eau bouillante, laissez infuser 10 à 15 minutes et servez. Boire chaud ou froid tout au long de la journée.

b) Prenez 2 à 4 tasses dès l'apparition de la douleur et réévaluez avec votre professionnel de la santé si la douleur persiste.

41. Scutellaire et thé à la fleur d'oranger

Donne 3 à 4 portions

Ingrédients

- 1 cuillères à café de scutellaire
- 1 cuillère à café de fleurs d'oranger
- 1 cuillères à café de millepertuis
- 1 cuillères à café de bétoine de bois
- 1 cuillères à café de mélisse

les directions

a) Mettez tous les ingrédients dans une théière, versez 500 ml d'eau bouillante, laissez infuser 10 à 15 minutes et servez.

b) Boire chaud ou froid tout au long de la journée.

42.   Thé mûre et fraise des bois

Donne 3 à 4 portions

Ingrédients

- 2 cuillères à café de feuilles de mûre
- 1 cuillère à café de feuilles de fraise des bois
- 1 cuillère à café de feuilles de framboise
- 1 cuillère à café de feuilles de cassis

les directions

a) Mettez tous les ingrédients dans une théière, versez 500 ml d'eau bouillante, laissez infuser 10 à 15 minutes et servez.

b) Boire chaud ou froid tout au long de la journée.

43. Infusion de menthe poivrée et de calendula

Donne 4 portions

Ingrédients

- 1 cuillère à café de feuilles de menthe poivrée
- 1 cuillère à café de fleurs de calendula
- 1 cuillères à café d'agripaume
- 1 cuillères à café de verveine
- sirop de pétale de rose pour sucrer

les directions

a) Mettez toutes les herbes dans une grande théière.

b) Faire bouillir 600 ml (1 pinte) d'eau bouillante et verser sur les herbes. Laisser infuser pendant 20 minutes, puis filtrer le liquide à travers une passoire à thé dans une cruche propre. Buvez 1 tasse d'infusion 2 à 3 fois par jour, chaude ou à température ambiante.

44.   Thé à la fleur d'aubépine et à la lavande

Donne 3 à 4 portions

Ingrédients
- 1 cuillère à café de fleurs d'aubépine
- 1 cuillères à café de lavande
- 1 cuillères à café de boutons de rose
- 1 cuillère à café de fleurs d'oranger
- 1 cuillères à café de jasmin

les directions

a) Mettez tous les ingrédients dans une théière, versez 500 ml d'eau bouillante, laissez infuser 10 à 15 minutes et servez.

b) A boire chaud ou froid tout au long de la journée.

45. Thé d'ortie et de gaillet gratteron

Donne 2 portions

Ingrédients
- 2 cuillères à café de feuilles d'ortie
- 2 cuillères à café de couperets

les directions

a) Mettez les ingrédients dans une théière, versez 300 ml d'eau bouillante, laissez infuser 10 à 15 minutes et servez.

b) A boire chaud ou froid tout au long de la journée.

46.   Thé à la molène et à la guimauve

Donne 2 portions

Ingrédients

- 1 cuillère à café de feuilles de molène
- 1 cuillère à café de feuilles de guimauve
- 1 cuillères à café de plantain lancéole

les directions

a) Mettez tous les ingrédients dans une théière, versez 300 ml d'eau bouillante, laissez infuser 10 à 15 minutes et servez.

b) A boire chaud ou froid tout au long de la journée.

47. Thé à la prêle et à la soie de maïs

Donne 5 à 6 portions

Ingrédients
- 2 cuillères à café de prêle
- 2 cuillères à café de soie de maïs
- 2 cuillères à café de feuilles de pissenlit
- 2 cuillères à café de couperets
- 2 cuillères à café de feuilles de plantain lancéole

les directions

a) Mettez tous les ingrédients dans une théière, versez 600 ml (1 pinte) d'eau bouillante, laissez infuser 10 à 15 minutes et servez.

b) A boire chaud ou froid tout au long de la journée.

48. Thé glacé aux herbes fruitées

Rendement : 1 portion

Ingrédient

- 1 sachet de thé Tazo Passion
- 1 litre d'eau
- 2 tasses de jus d'orange frais
- Roue orange
- Feuilles de menthe

Les directions:

a) Placer le sachet de thé dans 1 litre d'eau bouillante et laisser infuser pendant 5 minutes.

b) Retirez le sachet de thé. Verser le thé dans un pichet de 1 gallon rempli de glace. Une fois la glace fondue, remplissez l'espace restant dans le pichet avec de l'eau.

c) Remplissez un shaker avec la moitié du thé infusé et la moitié du jus d'orange. Bien agiter et filtrer dans un verre à tumbler rempli de glace. Garnir de rondelle d'orange et de feuilles de menthe.

Rendement : 1 portion

Ingrédient

- Sachet de fleurs de tilleul séchées
- Eau bouillante

Les directions:

a) Mettez simplement des fleurs séchées, une petite poignée par théière moyenne, dans le pot. Verser l'eau bouillante et bien remuer. Servir.

b) Ne laissez pas infuser plus de quatre minutes car la saveur sera perdue.

49.   Tisane à la framboise

Rendement : 8 portions

Ingrédient

- 2 sachets de thé aux framboises format familial
- 2 sachets de thé à la mûre
- 2 sachets de thé de cassis
- 1 bouteille de cidre de pomme pétillant
- $\frac{1}{2}$ tasse de concentré de jus
- $\frac{1}{2}$ tasse de jus d'orange
- $\frac{1}{2}$ tasse) de sucre

Les directions:

a) Mettre tous les ingrédients dans un grand pichet. Froideur. Nous servons les nôtres avec des glaçons aux fruits.

b) Réservez suffisamment de jus pour remplir un bac à glaçons et placez des tranches de fraises et de myrtilles dans chaque cube.

50.   Thé à la cardamome

Rendement : 1 portion

Ingrédient

- 15 graines de cardamome eau
- ½ tasse de lait
- 2 gouttes de vanille (jusqu'à 3 gouttes)
- Chéri

Les directions:

a) Pour l'indigestion, mélanger 15 graines pulvérisées dans ½ tasse d'eau chaude. Ajouter 1 once de racine de gingembre frais et un bâton de cannelle.

b) Laisser mijoter 15 minutes à feu doux. Ajouter ½ tasse de lait et laisser mijoter 10 minutes de plus. Ajouter 2 à 3 gouttes de vanille. Sucrez avec du miel. Boire 1 à 2 tasses par jour.

51.   Thé Sassafras

PORTIONS : 10

Ingrédients

- 4 racines de sassafras
- 2 litres d'eau
- sucre ou miel

Les directions:

a) Lavez les racines et coupez les jeunes arbres là où ils sont verts et là où la racine se termine.

b) Porter l'eau à ébullition et ajouter les racines.

c) Laisser mijoter jusqu'à ce que l'eau soit d'un rouge brunâtre profond (plus elle est foncée, plus elle est forte - j'aime la mienne forte).

d) Filtrer dans un pichet à travers du fil et un filtre à café si vous ne voulez pas de sédiments.

e) Ajouter du miel ou du sucre au goût.

f) Servir chaud ou froid avec du citron et un brin de menthe.

52.   Thé Moringa

Portions : 2

Ingrédients

- 800 ml d'eau
- 5-6 feuilles de menthe - déchirées
- 1 cuillère à café de graines de cumin
- 2 cuillères à café de poudre de Moringa
- 1 cuillère à soupe de jus de citron vert / citron
- 1 cuillère à café de miel bio comme édulcorant

Les directions:

a) Porter 4 tasses d'eau à ébullition.

b) Ajouter 5-6 feuilles de menthe et 1 cuillère à café de graines de cumin / jeera.

c) Laisser bouillir jusqu'à ce que l'eau soit réduite de moitié.

d) Lorsque l'eau réduit de moitié, ajouter 2 cuillères à café de poudre de Moringa.

e) Réglez le feu à élevé, quand il mousse et monte, éteignez le feu.

f) Couvrir avec un couvercle et laisser reposer pendant 4-5 minutes.

g) Après 5 minutes, filtrez le thé dans une tasse.

h) Ajouter du miel biologique au goût et presser le jus de citron vert frais.

53.   Thé à la sauge

Ingrédients

- 6 feuilles de sauge fraîches, laissées sur la tige
- Eau bouillante
- Miel (ou sirop d'agave pour vegan)
- 1 quartier de citron

les directions

a) Amenez l'eau à ébullition.

b) Lavez soigneusement la sauge.

c) Placez la sauge dans une tasse et versez-y l'eau bouillante. Laisser infuser les herbes pendant 5 minutes.

d) Retirez la sauge. Incorporer un filet de miel et un filet de citron.

CORDIALS ET SIROPS

54.   Cordial mûre et citron vert

Donne 500 ml (16 fl oz.)

Ingrédients
- 1 kg (21/4 lb) de jus de mûres fraîches de 4 citrons verts
- 350 g (12 oz) de sucre semoule

les directions

a) À feu doux, faire mijoter les mûres et le jus de citron vert dans 600 ml (1 pinte) d'eau dans une casserole pendant environ 15 minutes.

b) Laisser refroidir environ 10 minutes, puis passer le mélange au tamis et jeter la pulpe et les pépins. Versez le jus filtré dans une casserole propre et ajoutez le sucre. Remuer à feu doux jusqu'à ce que le sucre soit dissous, puis laisser mijoter environ 5 minutes jusqu'à ce que le mélange soit sirupeux.

c) Verser dans des bouteilles stérilisées, sceller, réfrigérer et utiliser en quelques jours. Diluer au goût avec de l'eau minérale gazeuse ou plate et des tranches de menthe fraîche ou de citron vert pour faire une boisson rafraîchissante.

55.   Cordial de sureau et fleur de sureau

Donne 500 ml (16 fl oz.)

Ingrédients

- 50 g (1 3/4 oz) de fleurs de sureau fraîches ou séchées
- 100 g (3 1/2 oz) de baies de sureau
- 1 petit bâton de cannelle
- 1 cuillères à café d'anis
- 1 cuillères à soupe de racine de gingembre frais, râpée
- 400 g (14 oz) de sucre
- jus de 1/2 citron

les directions

a) Mettez tous les ingrédients sauf le sucre et le jus de citron dans une casserole, ajoutez 1 litre d'eau, couvrez et laissez mijoter à feu doux pendant 25 à 30 minutes.

b) Filtrer le liquide dans un pot doseur. Décanter 600 ml (1 pinte) dans une casserole et ajouter le sucre. (Tout liquide supplémentaire peut être bu comme du thé.)

c) Remuer doucement à feu doux pour dissoudre le sucre. Lorsque tout le sucre est dissous, ajoutez le jus de citron et laissez mijoter doucement pendant encore 10 à 15 minutes sans couvercle. Portez ensuite à ébullition pendant 2 à 3 minutes et retirez du feu.

d) Verser dans une bouteille en verre stérilisée encore chaude, sceller, étiqueter avec la liste des ingrédients et dater. Conserver au réfrigérateur et utiliser dans les 3 à 4 semaines.

e) Ajoutez une cuillère à soupe de cordial dans une tasse d'eau froide ou chaude, ou arrosez-en des crêpes ou des céréales pour le petit-déjeuner.

56. Miel doux de violette et de gingembre

Donne 400 à 500 g (14 oz à 1 lb 2 oz)

Ingrédients

- 20 g (3/4 oz) de feuilles et de fleurs de violette fraîches (ou utilisez de l'alto ou du heartsease, si non disponible)
- 30 g (1 oz) de racine de gingembre frais
- 20 g (3/4 oz) de feuilles de plantain fraîches
- 30 g (1 oz) de feuilles de houttuynia fraîches
- 500 g (1 lb 2 oz) de miel liquide

les directions

a) Récoltez soigneusement les feuilles et les fleurs fraîches, lavez-les et séchez-les à l'air libre.

b) Hachez-les finement, placez-les dans un bocal propre et recouvrez-les complètement de miel liquide. Bien mélanger pour s'assurer que toutes les herbes sont bien couvertes. Ajouter du miel supplémentaire si nécessaire.

c) Laisser dans un endroit chaud, comme une armoire aérante, pendant 5 jours. Ensuite, filtrez le miel à travers un chiffon de mousseline propre et décantez-le dans un petit pot stérilisé.

d) Jeter les herbes égouttées. 4 Scellez le bocal, étiquetez avec une liste de tous les ingrédients et la date.

57. Purée de mélisse et miel

Donne 125g (4 1/2 oz)

Ingrédients

- 20 g (3/4 oz) de feuilles de mélisse fraîches
- 100g (3 1/2 oz) de miel coulant
- Jus de 1/2 citron

les directions

a) Placez les feuilles dans un mixeur ou un robot culinaire, ajoutez le miel et le jus de citron, et mixez jusqu'à obtenir une purée verte lisse. 2 Diluer avec de l'eau et boire.

b) La purée durera une semaine ou deux, si elle est conservée au réfrigérateur.

58. Sirop de rose musquée

Donne 700 ml (1 1/4 pintes)

Ingrédients

- 500 g (1 lb 2 oz) d'églantier frais
- 400 g (14 oz) de sucre

les directions

a) Coupez les fruits en deux et retirez les graines et les poils avec une petite cuillère. Lavez les moitiés nettoyées sous l'eau courante pour éliminer davantage les petits poils du fruit.

b) Placez les fruits dans une casserole, ajoutez 600 ml (1 pinte) d'eau et laissez mijoter, à découvert, à feu doux pendant 20 à 30 minutes jusqu'à ce que les fruits soient tendres et que l'eau ait légèrement réduit.

c) Filtrer le mélange et décanter le liquide dans une casserole propre. Jeter les fruits. Ajoutez le sucre au liquide filtré et laissez-le se dissoudre à feu doux en remuant constamment.

d) Une fois que tout le sucre est dissous, augmentez le feu et faites bouillir pendant 2 à 3 minutes. Transférer le sirop dans un biberon stérilisé.

59.   Molène et sirop d'anis

Donne 200 ml (7 oz liq.)

Ingrédients

- 4 cuillères à café de teinture de feuilles de molène
- 4 cuillères à café de teinture de racine de guimauve
- 1 cuillère à soupe de teinture d'anis
- 1 cuillères à soupe de teinture de thym
- 4 cuillères à café de teinture de plantain
- 2 cuillères à café de teinture de racine de réglisse 100 ml (31/2 fl oz) de miel de manuka

les directions

a) Mélanger les teintures et le miel, bien mélanger et verser dans une bouteille en verre brun stérilisée. Sceller, étiqueter avec tous les ingrédients et dater.

b) Il se conservera 3 à 4 mois.

60.   Sirop de pétale de rose

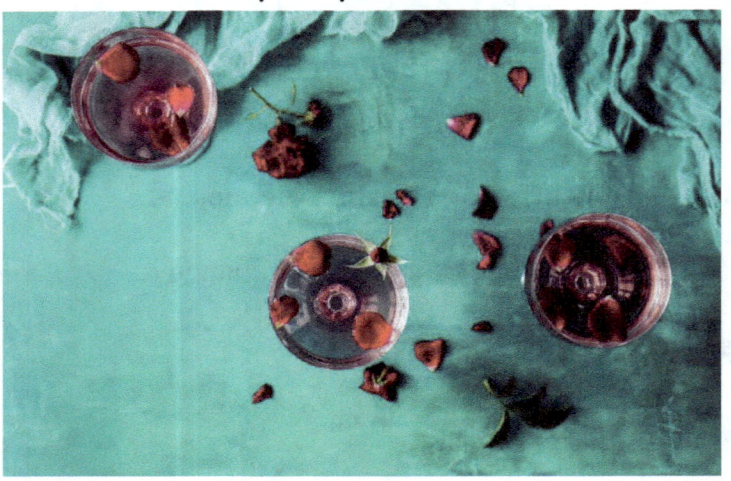

Donne environ 500 ml (16 fl oz.)

Ingrédients

- 225 g (8 oz) de sucre cristallisé jus de 1 citron, filtré jus de 1 orange, filtré
- 100 g (3 1/2 oz) de pétales de rose séchés ou
- 10 têtes de roses fraîches

les directions

a) Dissolvez le sucre dans 300 ml (10 fl oz.) d'eau dans une petite casserole à feu doux et ne le laissez pas bouillir, car cela rendrait le mélange trouble. Ajouter les jus de citron et d'orange filtrés, baisser le feu et laisser mijoter à feu doux pendant 5 minutes.

b) Au cours des 15 prochaines minutes, ajoutez les pétales de rose, une cuillère à soupe à la fois, et remuez bien avant d'en ajouter plus. Retirer du feu, laisser refroidir et filtrer. Verser dans une bouteille en verre stérilisée, sceller et étiqueter. Conserver au réfrigérateur et utiliser dans les 6 semaines.

61. Sirop de cerise aigre

Donne 1 pinte

Ingrédients
- 400 ml (14 fl oz) de jus de cerise aigre, fraîchement pressé
- 250 g (9 oz) de sucre

les directions

a) Versez le jus dans une casserole, ajoutez le sucre et faites chauffer doucement. Dissoudre le sucre dans le jus en remuant constamment, puis laisser mijoter 20 minutes à feu doux.

b) Filtrer le sirop et le mettre en bouteille dans une bouteille en verre stérilisée avec un couvercle hermétique. Conserver au réfrigérateur et utiliser dans quelques semaines.

c) Boire dilué avec de l'eau minérale froide ou chaude.

62. Sirop d'échinacée et de thym

Donne 500 ml (16 fl oz.)

Ingrédients

- 20 g (¾ oz) de thym frais
- 20 g (¾ oz) de feuilles de plantain lancéole fraîches
- 20 g (¾ oz) de racine, de tige et de feuilles vertes d'échinacée fraîches
- 10 g (1/4 oz) de racine de gingembre frais, râpée
- 10 g (1/4 oz) d'ail frais, pelé et écrasé
- 10 g (1/4 oz) de racine d'aunée fraîche
- 1 piment rouge frais entier, finement haché
- 400 ml (14 fl oz) de vodka de bonne qualité
- 100g (3 1/2 oz) de miel de manuka

les directions

a) Lavez tous les ingrédients de l'herbe une fois qu'ils ont été récoltés et laissez sécher. Hachez-les ensuite finement.

b) Mettre tous les ingrédients sauf le miel et la vodka dans un grand bocal en verre avec un couvercle. Versez la vodka, fermez bien le couvercle et secouez plusieurs fois.

Étiquetez le pot avec les ingrédients et la date. Placez le pot dans un placard sombre et secouez-le au moins une fois par jour pendant 3 semaines.

c) Filtrer le contenu du pot à travers le sac en mousseline dans un verre doseur. Décanter le miel de manuka dans un bol et verser doucement la teinture en remuant continuellement avec un fouet jusqu'à ce que le miel et la teinture soient bien mélangés. Verser le sirop dans une bouteille en verre ambré de 500 ml (16 fl oz) avec un couvercle et étiqueter avec les ingrédients et la date de début initiale.

d) Prendre 1 cuillère à café 2 à 3 fois par jour, ou jusqu'à 6 cuillères à café par jour au début d'un rhume. Ce sirop se conserve jusqu'à 9 mois.

TEINTURE AUX HERBES

63. Teinture de menthe poivrée et de thym

Donne 500 ml (16 fl oz.)

les directions

a) Mettre tous les ingrédients sauf la vodka dans un grand bocal.

b) Couvrir avec la vodka, remuer et s'assurer que tous les ingrédients sont bien immergés. Fermez hermétiquement le bocal et placez-le dans un placard sombre. Donnez au pot quelques bonnes secousses tous les jours pendant 3 semaines.

c) Ouvrez le bocal et filtrez les ingrédients à travers un tamis doublé de mousseline dans un bol peu profond. Jetez les ingrédients de la mousseline et versez le liquide dans une bouteille en verre ambré. Étiquetez le flacon de teinture avec les noms de tous les ingrédients et la date. Prendre 1 cuillère à café dans un verre d'eau tiède ou froide et boire avant ou après les repas.

64. Teinture de sureau et de réglisse

Donne 300 à 350 ml (10 à 12 fl oz.)

Ingrédients

- 25 g (à peine 1 oz) de baies de sureau
- 25 g (à peine 1 oz) de racine d'échinacée
- 10 g (1/4 oz) de racine de réglisse
- 10 g (1/4 oz) de racine de gingembre frais, râpée
- 10 g (1/4 oz) de bâton de cannelle, cassé en petits morceaux
- 20 g (3/4 oz) de menthe poivrée
- 400 ml (14 fl oz) de vodka de bonne qualité

les directions

a) Assurez-vous que tous les ingrédients séchés sont finement hachés, mais pas réduits en poudre.

b) Mettez tous les ingrédients sauf la vodka dans un grand bocal en verre avec un couvercle bien ajusté. Versez la vodka, fermez bien le couvercle et secouez plusieurs fois.

c) Étiquetez le bocal avec tous les ingrédients et la date. Placez le pot dans un placard sombre et secouez-le au moins une fois par jour pendant 3 semaines.

d) Filtrez le contenu du pot à travers un sac en mousseline dans un pot gradué et versez la teinture dans une bouteille en verre ambré stérilisée de taille appropriée (350-400 ml/12-14 fl oz.).

e) Fermez la bouteille.

f) Étiquetez avec tous les ingrédients et la date de début originale. Commencez par prendre quelques gouttes chaque jour et augmentez jusqu'à 1 cuillère à café 2 à 3 fois par jour. Utiliser dans les 6 mois.

65.   Teinture de fleurs de tilleul et de baies d'aubépine

Donne 300 à 350 ml (10 à 12 fl oz.)

Ingrédients

- 20 g (3/4 oz) de fleurs de tilleul
- 20 g (3/4 oz) de baies d'aubépine
- 20 g (3/4 oz) d'achillée millefeuille
- 20 g (3/4 oz) de mélisse
- 20 g (3/4 oz) d'écorce de crampon
- 400 ml (14 fl oz) de vodka de bonne qualité

les directions

a) Assurez-vous que tous les ingrédients séchés sont finement hachés, mais pas réduits en poudre.

b) Mettez tous les ingrédients sauf la vodka dans un grand bocal en verre avec un couvercle bien ajusté. Versez la vodka, fermez bien le couvercle et secouez plusieurs fois.

c) Étiquetez le bocal avec tous les ingrédients et la date. Placez le pot dans un placard sombre et secouez-le au moins une fois par jour pendant 3 semaines.

d) Filtrez le contenu du pot à travers un sac en mousseline dans un pot gradué et versez la teinture dans une bouteille en verre ambré stérilisée de taille appropriée (350-400 ml/12-14 fl oz.). Fermez la bouteille.

e) Étiquetez avec tous les ingrédients et la date de début originale. Commencez par prendre quelques gouttes chaque jour et augmentez jusqu'à 1 cuillère à café 2 à 3 fois par jour. Utiliser dans les 6 mois.

66.   Teinture de passiflore et de camomille

Donne 300 à 350 ml (10 à 12 fl oz.)

Ingrédients

- 20 g (3/4 oz) de passiflore
- 20 g (3/4 oz) de camomille
- 20 g (3/4 oz) de racine de valériane
- 30 g (1 oz) de cerises acides, fraîches ou séchées 400 ml (14 fl oz) de vodka de bonne qualité

les directions

a) Assurez-vous que tous les ingrédients séchés sont finement hachés, mais pas réduits en poudre.

b) Mettez tous les ingrédients sauf la vodka dans un grand bocal en verre avec un couvercle bien ajusté. Versez la vodka, fermez bien le couvercle et secouez plusieurs fois.

c) Étiquetez le bocal avec tous les ingrédients et la date. Placez le pot dans un placard sombre et secouez-le au moins une fois par jour pendant 3 semaines.

d) Filtrez le contenu du pot à travers un sac en mousseline dans un pot gradué et versez la teinture dans une bouteille

en verre ambré stérilisée de taille appropriée (350-400 ml/12-14 fl oz.).

e) Fermez la bouteille.

f) Étiquetez avec tous les ingrédients et la date de début originale. Commencez par prendre quelques gouttes chaque jour et augmentez jusqu'à 1 cuillère à café en fin d'après-midi et une autre avant d'aller au lit. Utiliser dans les 6 mois.

67. Teinture de baies de gattilier et de dang gui

Donne 300 à 350 ml (10 à 12 fl oz.)

Ingrédients

- 20 g (3/4 oz) de baies chastes (également appelées agnus castus)
- 20 g (3/4 oz) d'angélique chinoise (dang gui)
- 20 g (3/4 oz) d'agripaume
- 20 g (3/4 oz) d'écorce de racine d'aubépine noire (Viburnum prunifolium)
- 20 g (3/4 oz) de camomille
- 400 ml (14 fl oz) de vodka de bonne qualité

les directions

a) Assurez-vous que tous les ingrédients séchés sont finement hachés, mais pas réduits en poudre.

b) Mettez tous les ingrédients sauf la vodka dans un grand bocal en verre avec un couvercle bien ajusté. Versez la vodka, fermez bien le couvercle et secouez plusieurs fois.

c) Étiquetez le bocal avec tous les ingrédients et la date. Placez le pot dans un placard sombre et secouez-le au moins une fois par jour pendant 3 semaines.

d) Filtrez le contenu du pot à travers un sac en mousseline dans un pot gradué et versez la teinture dans une bouteille en verre ambré stérilisée de taille appropriée (350–400 ml/12–14 fl oz.). Fermez la bouteille.

e) Étiquetez avec tous les ingrédients et la date de début originale. Commencez par prendre quelques gouttes chaque jour et augmentez jusqu'à 1 cuillère à café 2 à 3 fois par jour. Utiliser dans les 6 mois.

68. Teinture de baies de Goji et de ginseng de Sibérie

Donne 300 à 350 ml (10 à 12 fl oz.)

Ingrédients

- 25 g (à peine 1 oz) de baies de goji
- 25 g (à peine 1 oz) de ginseng sibérien
- 25 g (à peine 1 oz) de flocons d'avoine ou d'avoine séchée
- 20 g (3/4 oz) de baies de schisandre
- 5 g (1/8 oz) de racine de réglisse
- 400 ml (14 fl oz) de vodka de bonne qualité

les directions

a) Assurez-vous que tous les ingrédients séchés sont finement hachés, mais pas réduits en poudre.

b) Mettez tous les ingrédients sauf la vodka dans un grand bocal en verre avec un couvercle bien ajusté. Versez la vodka, fermez bien le couvercle et secouez plusieurs fois.

c) Étiquetez le bocal avec tous les ingrédients et la date. Placez le pot dans un placard sombre et secouez-le au moins une fois par jour pendant 3 semaines.

d) Filtrez le contenu du pot à travers un sac en mousseline dans un pot gradué et versez la teinture dans une bouteille

en verre ambré stérilisée de taille appropriée (350-400 ml/12-14 fl oz.). Fermez la bouteille.

e) Étiquetez avec tous les ingrédients et la date de début originale. Commencez par prendre quelques gouttes chaque jour et augmentez jusqu'à 1 cuillère à café 2 à 3 fois par jour. Utiliser dans les 6 mois.

69. Teinture de trèfle rouge et gaillet gratteron

Donne 300 à 350 ml (10 à 12 fl oz.)

Ingrédients

- 15 g (1/2 oz) de trèfle rouge
- 15 g (1/2 oz) de couperets
- 20 g (3/4 oz) d'alto (coeur)
- 20g (3/4oz) de feuilles de violette (Viola odorata)
- 20 g (3/4 oz) de racine de mahonia (Mahonia aquifolium), hachée finement
- 20 g (3/4 oz) de gotu cola
- 400 ml (14 fl oz) de vodka de bonne qualité

les directions

a) Assurez-vous que tous les ingrédients séchés sont finement hachés, mais pas réduits en poudre.

b) Mettez tous les ingrédients sauf la vodka dans un grand bocal en verre avec un couvercle bien ajusté. Versez la vodka, fermez bien le couvercle et secouez plusieurs fois.

c) Étiquetez le bocal avec tous les ingrédients et la date. Placez le pot dans un placard sombre et secouez-le au moins une fois par jour pendant 3 semaines.

d) Filtrez le contenu du pot à travers un sac en mousseline dans un pot gradué et versez la teinture dans une bouteille en verre ambré stérilisée de taille appropriée (350-400 ml/12-14 fl oz.). Fermez la bouteille.

e) Étiquetez avec tous les ingrédients et la date de début originale. Commencez par prendre quelques gouttes chaque jour et augmentez jusqu'à 1 cuillère à café 2 à 3 fois par jour. Utiliser dans les 6 mois.

70. Teinture d'hiver d'échinacée et de sureau

Donne 1 mois d'approvisionnement

Ingrédients

- 20 g (3/4 oz) de racine de gingembre frais
- 80 g (23/4 oz) de racine d'échinacée, fraîche ou séchée
- 20 g (3/4 oz) de feuilles de thym, fraîches ou séchées
- 2 gousses d'ail (facultatif)
- 1 piment frais avec graines (facultatif)
- 80 g (23/4 oz) de baies de sureau, fraîches ou séchées
- 500 ml (16 fl oz) de vodka de bonne qualité

les directions

a) Trancher finement le gingembre frais et la racine d'échinacée, retirer les feuilles de thym frais de leurs tiges et émincer l'ail et le piment (si vous en utilisez).

b) Pressez délicatement les baies de sureau. Mettre tous les ingrédients dans un grand bocal avec un couvercle bien ajusté. Couvrir avec la vodka, bien mélanger et s'assurer que tous les ingrédients sont complètement immergés.

c) Fermez bien le couvercle et placez le pot dans un placard sombre. Vérifiez-le tous les jours en secouant le pot plusieurs fois. Au bout de 3 semaines, ouvrir le bocal, filtrer les ingrédients à travers un sac en mousseline, recueillir le liquide dans un flacon en verre ambré stérilisé, étiqueter avec le nom de tous les ingrédients et dater.

71. Teinture de pissenlit et de bardane

Donne 300 à 350 ml (10 à 12 fl oz.)

Ingrédients

- 20 g (3/4 oz) de racine de pissenlit
- 20 g (3/4 oz) de racine de bardane
- 20 g (3/4 oz) de baies de schisandre
- 10 g (1/4 oz) de feuilles d'artichaut
- 20 g (3/4 oz) de chardon-Marie
- 10g (1/4oz) de racine de gentiane
- 400 ml (14 fl oz) de vodka de bonne qualité

les directions

a) Assurez-vous que tous les ingrédients séchés sont finement hachés, mais pas réduits en poudre.

b) Mettez tous les ingrédients sauf la vodka dans un grand bocal en verre avec un couvercle bien ajusté. Versez la vodka, fermez bien le couvercle et secouez plusieurs fois.

c) Étiquetez le bocal avec tous les ingrédients et la date. Placez le pot dans un placard sombre et secouez-le au moins une fois par jour pendant 3 semaines.

d) Filtrez le contenu du pot à travers un sac en mousseline dans un pot gradué et versez la teinture dans une bouteille en verre ambré stérilisée de taille appropriée (350-400 ml/12-14 fl oz.).

e) Fermez la bouteille.

f) Étiquetez avec tous les ingrédients et la date de début originale. Commencez par prendre quelques gouttes chaque jour et augmentez jusqu'à 1 cuillère à café 2 à 3 fois par jour. Utiliser dans les 6 mois.

72. Crampbark et teinture de valériane

Donne 300 à 350 ml (10 à 12 fl oz.)

Ingrédients

- 25 g (à peine 1 oz) d'écorce de crampon
- 25 g (à peine 1 oz) de racine de valériane
- 20 g (3/4 oz) de passiflore
- 20 g (3/4 oz) de camomille
- 400 ml (14 fl oz) de vodka de bonne qualité

les directions

a) Assurez-vous que tous les ingrédients séchés sont finement hachés, mais pas réduits en poudre.

b) Mettez tous les ingrédients sauf la vodka dans un grand bocal en verre avec un couvercle bien ajusté. Versez la vodka, fermez bien le couvercle et secouez plusieurs fois.

c) Étiquetez le bocal avec tous les ingrédients et la date. Placez le pot dans un placard sombre et secouez-le au moins une fois par jour pendant 3 semaines.

d) Filtrez le contenu du pot à travers un sac en mousseline dans un pot gradué et versez la teinture dans une bouteille

en verre ambré stérilisée de taille appropriée (350-400 ml/12-14 fl oz.). Fermez la bouteille.

e) Étiquetez avec tous les ingrédients et la date de début originale. Commencez par prendre quelques gouttes chaque jour et augmentez jusqu'à 1 cuillère à café 2 à 3 fois par jour. Utiliser dans les 6 mois.

73.   Teinture d'actée à grappes noires et de sauge

Donne 300 à 350 ml (10 à 12 fl oz.)

Ingrédients

- 20 g (3/4 oz) de racine d'actée à grappes noires
- 15 g (1/2 oz) de baies chastes
- 10 g (1/4 oz) de sauge
- 20 g (3/4 oz) de baies de schisandre
- 15 g (1/2 oz) d'agripaume
- 20 g (3/4 oz) de scutellaire
- 400 ml (14 fl oz) de vodka de bonne qualité

les directions

a) Assurez-vous que tous les ingrédients séchés sont finement hachés, mais pas réduits en poudre.

b) Mettez tous les ingrédients sauf la vodka dans un grand bocal en verre avec un couvercle bien ajusté. Versez la vodka, fermez bien le couvercle et secouez plusieurs fois.

c) Étiquetez le bocal avec tous les ingrédients et la date. Placez le pot dans un placard sombre et secouez-le au moins une fois par jour pendant 3 semaines.

d) Filtrez le contenu du pot à travers un sac en mousseline dans un pot gradué et versez la teinture dans une bouteille en verre ambré stérilisée de taille appropriée (350-400 ml/12-14 fl oz.). Fermez la bouteille.

e) Étiquetez avec tous les ingrédients et la date de début originale. Commencez par prendre quelques gouttes chaque jour et augmentez jusqu'à 1 cuillère à café 2 à 3 fois par jour. Utiliser dans les 6 mois.

74. Teinture de feuille de bouleau et de racine d'ortie

Donne 300 à 350 ml (10 à 12 fl oz.)

Ingrédients

- 25 g (à peine 1 oz) de racine d'ortie
- 15 g (1/2 oz) de feuilles de bouleau
- 25 g (à peine 1 oz) pariétaire du mur
- 15 g (1/2 oz) de feuilles de cassis
- 20 g (3/4 oz) de peuplier blanc ou d'écorce de peuplier (Populus tremuloides)
- 400 ml (14 fl oz) de vodka de bonne qualité

les directions

a) Assurez-vous que tous les ingrédients séchés sont finement hachés, mais pas réduits en poudre.

b) Mettez tous les ingrédients sauf la vodka dans un grand bocal en verre avec un couvercle bien ajusté. Versez la vodka, fermez bien le couvercle et secouez plusieurs fois.

c) Étiquetez le bocal avec tous les ingrédients et la date. Placez le pot dans un placard sombre et secouez-le au moins une fois par jour pendant 3 semaines.

d) Filtrez le contenu du pot à travers un sac en mousseline dans un pot gradué et versez la teinture dans une bouteille en verre ambré stérilisée de taille appropriée (350-400 ml/12-14 fl oz.). Fermez la bouteille.

e) Étiquetez avec tous les ingrédients et la date de début originale. Commencez par prendre quelques gouttes chaque jour et augmentez jusqu'à 1 cuillère à café 2 à 3 fois par jour. Utiliser dans les 6 mois.

ALIMENTS À BASE DE PLANTES

75. Poulet émietté aux herbes

Rendement : 2 portions

Ingrédient

- 2 tasses de chapelure
- 1 cuillère à café de sel
- 1 cuillère à café de poivre fraîchement moulu
- 2 cuillères à soupe de persil séché
- 1 cuillère à café de marjolaine séchée
- 1 cuillère à café de thym séché
- 1 cuillère à café d'origan séché
- 1 cuillère à café d'ail en poudre
- 1 Orange ; tranché
- 4 demi-poitrines de poulet désossées et sans peau
- 2 oeufs; battu OU Substitut d'oeuf
- 2 cuillères à soupe de beurre ou de margarine
- 2 cuillères à soupe d'huile végétale
- 1 tasse de bouillon de poulet ou de vin blanc
- 1 Branche de persil frais

Les directions:

a) Placer la chapelure, le sel, le poivre, le persil, la marjolaine, le thym, l'origan et la poudre d'ail dans un robot culinaire et bien broyer. Tremper les poitrines de poulet dans l'œuf battu puis les enrober de chapelure.

b) À feu moyen-élevé, dorer les poitrines de poulet des deux côtés dans le beurre et l'huile. Baisser le feu, ajouter le bouillon ou le vin et couvrir. Laisser mijoter 20 à 30 minutes selon l'épaisseur des poitrines.

c) Garnir de tranches d'orange et de persil.

76.   Crème de poulet aux herbes

Rendement : 1 portion

Ingrédient

- 1 boîte de soupe à la crème de poulet
- 1 boîte de bouillon de poulet
- 1 boîte de lait
- 1 bidon d'eau
- 2 tasses de mélange à pâtisserie Bisquick
- $\frac{3}{4}$ tasse de lait

Les directions:

a) Vider les boîtes de soupe dans une grande casserole

b) Incorporer des bidons d'eau et de lait. Mélanger jusqu'à consistance lisse. Chauffer à feu moyen jusqu'à ébullition

c) Mélangez le Bisquick et le lait. La pâte doit être épaisse et collante. Déposer la pâte par cuillerée à café dans la soupe bouillante.

d) Cuire les boulettes pendant env. 8 à 10 minutes. découvert

77.   Dinde glacée à l'abricot de Dijon

Rendement : 6 portions

Ingrédient

- 6 cubes de bouillon de poulet
- 1½ tasse de riz blanc à grains longs non cuit
- ½ tasse d'amandes effilées
- ½ tasse d'abricots secs hachés
- 4 oignons verts avec dessus; tranché
- ¼ tasse de persil frais ciselé
- 1 cuillère à soupe de zeste d'orange
- 1 cuillère à café de romarin séché; écrasé
- 1 cuillère à café de feuilles de thym séchées
- 1 demi-poitrine de dinde désossée d'environ 2 1/2 livres
- 1 tasse de confiture d'abricot ou de marmelade d'orange
- 2 cuillères à soupe de moutarde de Dijon

Les directions:

a) Pour le pilaf aux herbes, porter l'eau à ébullition. Ajouter le bouillon. Retirer du feu dans un bol. Ajouter tous les autres ingrédients du pilaf sauf la dinde; bien mélanger. Placer la dinde sur le mélange de riz.

b) Couvrir et cuire 45 minutes

c) Retirer la dinde du four; retirez soigneusement Baker avec des gants de cuisine.

d) Remuer le pilaf juste avant de servir, servir avec la dinde et la sauce.

78. Poulet et riz sur sauce aux herbes

Rendement : 4 portions

Ingrédient

- ¾ tasse d'eau chaude
- ¼ tasse de vin blanc
- 1 cuillère à café de granulés de bouillon à saveur de poulet
- 4 demi-poitrines de poulet (4 oz) sans peau et désossées
- ½ cuillère à café de fécule de maïs
- 1 cuillère à soupe d'eau
- 1 paquet de fromage façon Neufchâtel aux herbes et épices
- 2 tasses de riz à grains longs cuit chaud

Les directions:

a) Porter à ébullition l'eau chaude, le vin et les granulés de bouillon dans une grande poêle à feu moyen-vif. Baisser le feu et ajouter le poulet, laisser mijoter 15 minutes; tourner après 8 minutes. Retirer le poulet une fois cuit, réserver au chaud. Porter le jus de cuisson à ébullition, réduire à ⅔ Coupe.

b) Mélanger la fécule de maïs et l'eau et ajouter au liquide. Porter à ébullition et cuire 1 minute en remuant constamment. Ajouter le fromage à la crème et cuire jusqu'à ce qu'il soit bien mélangé, en remuant constamment avec un fouet métallique. Servir:

c) Garnir le riz de poulet, verser la sauce sur le poulet

79. Poulet à la crème et aux herbes

Rendement : 6 portions

Ingrédient

- 6 cuisses de poulet, sans peau et désossées
- Farine tout usage assaisonnée de sel et de poivre
- 3 cuillères à soupe de beurre
- 3 cuillères à soupe d'huile d'olive
- $\frac{1}{2}$ tasse de vin blanc sec
- 1 cuillère à soupe de jus de citron
- $\frac{1}{2}$ tasse de crème fouettée
- $\frac{1}{2}$ cuillère à café de thym séché
- 2 cuillères à soupe de persil frais haché
- 1 citron, tranché (garniture)
- 1 cuillère à soupe de câpres, rincées et égouttées (garniture)

Les directions:

a) Dans une grande poêle, chauffer $1\frac{1}{2}$ cuillère à soupe de beurre et d'huile. Ajouter les morceaux de poulet à volonté sans les entasser. cuisiner

b) Ajouter le vin et le jus de citron dans la poêle et laisser mijoter à feu modérément élevé, en remuant pour mélanger les particules dorées. Faire bouillir, réduire de moitié environ

c) Ajouter la crème fouettée, le thym et le persil; faire bouillir jusqu'à ce que la sauce épaississe légèrement. Verser le jus de viande du plateau chauffant dans la sauce.

d) Ajuster la sauce pour assaisonner au goût. Verser sur la viande et garnir de persil, de tranches de citron et de câpres

80. Madère au poulet sur biscuits

Rendement : 6 portions

Ingrédient

- 1½ livre de poitrine de poulet
- 1 cuillère à soupe d'huile de cuisson
- 2 gousses d'ail, hachées
- 4½ tasse de champignons frais en quartiers
- ½ tasse d'oignon haché
- 1 tasse de crème sure
- 2 cuillères à soupe de farine tout usage
- 1 tasse de lait écrémé
- ½ tasse de bouillon de poulet
- 2 cuillères à soupe de madère ou de xérès sec

Les directions:

a) Cuire le poulet dans l'huile chaude à feu moyen-élevé pendant 4 à 5 minutes ou jusqu'à ce qu'il ne soit plus rose. Ajouter l'ail, les champignons et l'oignon dans la poêle. Cuire, à découvert, pendant 4 à 5 minutes ou jusqu'à ce que le liquide s'évapore.

b) Dans un bol, mélanger la crème sure, la farine, ½ cuillère à café de sel et ¼ de cuillère à café de poivre. Ajouter le mélange de crème sure, le lait et le bouillon dans la poêle. Ajouter le poulet et Madère ou sherry; réchauffer.

c) Servir sur des biscuits aux herbes.

81.   Soupe de poulet aux herbes

Rendement : 7 portions

Ingrédient

- 1 tasse de haricots cannellini séchés
- 1 cuillère à café d'huile d'olive
- 2 poireaux, parés -- lavés
- 2 carottes - pelées et coupées en dés
- 10 millilitres d'ail - finement haché
- 6 tomates italiennes
- 6 pommes de terre nouvelles
- 8 tasses de bouillon de poulet maison
- ¾ tasse de vin blanc sec
- 1 Branche de thym frais
- 1 branche de romarin frais
- 1 feuille de laurier

Les directions:

a) Rincer les haricots et ramasser, couvrir d'eau et laisser tremper pendant 8 heures ou toute la nuit. Dans une grande casserole, chauffer l'huile à feu moyen-doux. Ajouter les poireaux, les carottes et l'ail; cuire jusqu'à ce qu'ils soient ramollis, environ 5 minutes. Incorporer les tomates et cuire 5 minutes. Ajouter les pommes de terre et cuire 5 minutes.

b) Ajouter le bouillon de poulet, le vin et les herbes; porter à ébullition. Égouttez les haricots et ajoutez-les à la casserole; cuire 2 heures ou jusqu'à ce que les haricots soient tendres.

c) Retirez la feuille de laurier et les brins d'herbes avant de servir.

82. Poulet au vin et aux herbes

Rendement : 4 portions

Ingrédient

- Poulet frit
- $\frac{1}{2}$ cuillère à café d'origan
- $\frac{1}{2}$ cuillère à café de basilic
- 1 verre de vin blanc sec
- $\frac{1}{2}$ cuillère à café de sel d'ail
- $\frac{1}{2}$ cuillère à café de sel
- $\frac{1}{4}$ cuillère à café de poivre

Les directions:

a) Laver le poulet et le découper. Dans un peu d'huile, dorer les morceaux de poulet de tous les côtés. Versez l'excès d'huile.

b) Ajouter le vin et l'assaisonnement et laisser mijoter de 30 à 40 minutes ou jusqu'à ce que le poulet soit tendre.

83. Raviolis aux herbes

Ingrédient

- 2 feuilles de pâtes fraîches 8.5x11"
- 1¼ tasse de fromage Ricotta; sans gras
- ¾ tasse de chapelure italienne
- ¼ tasse de basilic frais et ¼ tasse de persil frais; haché
- ⅛ cuillère à café d'origan et ⅛ de noix de muscade
- Sel et poivre noir
- Base de tomates pochées
- 2 grosses tomates ; mûr
- 2 gousses d'ail ; émincé
- 6 feuilles de basilic frais

Les directions:

a) Dans un grand bol à mélanger, mélanger la ricotta, la chapelure, le basilic, le persil, l'origan, la muscade, le sel et le poivre noir.

b) Étendre les feuilles de pâtes à plat sur la surface de travail et déposer quatre portions égales (environ ¼ tasse) du mélange de ricotta sur les 4 quadrants de la moitié gauche seulement de chaque feuille de pâtes. Replier la moitié droite de la feuille de pâte sur l'autre moitié. Appuyez autour de chaque monticule de fromage pour sceller.

c) Porter l'eau à ébullition dans une grande casserole. Plonger les raviolis dans l'eau et faire bouillir 3 à 5 minutes. Lavez, épépinez, épluchez et coupez grossièrement les tomates. Mettre de côté. Faire sauter brièvement l'ail, Ajouter les tomates, le basilic, l'eau et le sel

d) Couvrir et cuire 5 minutes. Répartir le mélange de tomates dans 4 assiettes de service et garnir chaque assiette de deux raviolis.

84. Linguine aux herbes mélangées

Rendement : 1 portion

Ingrédient

- 4 carottes moyennes
- 3 courgettes moyennes
- 1 livre de linguines séchées
- 1 tasse de feuilles de persil plat frais emballées
- ½ tasse de feuilles de basilic frais emballées
- 1 cuillère à soupe de feuilles de thym frais
- 1 cuillère à soupe de feuilles de romarin frais
- 1 cuillère à soupe de feuilles d'estragon frais
- ½ tasse de parmesan fraîchement râpé
- ⅓ tasse d'huile d'olive
- ¼ tasse de noix; doré grillé
- 1 cuillère à soupe de vinaigre balsamique

Les directions:

a) Dans une bouilloire de 6 litres, porter à ébullition 5 litres d'eau salée. Ajouter les linguines et cuire 8 minutes, ou jusqu'à ce qu'elles soient à peine tendres. Ajouter les carottes et cuire 1 minute. Ajouter les courgettes et cuire 1 minute. réserve ⅔ tasse d'eau de cuisson et égoutter les pâtes et les légumes.

b) Dans un grand bol, mélanger le pesto et l'eau de cuisson chaude réservée. Ajouter les pâtes et les légumes et bien mélanger.

c) Dans un robot culinaire, mélanger tous les ingrédients avec du sel et du poivre au goût jusqu'à consistance lisse.

85. Farfalle sauce aux herbes

Rendement : 1 portion

Ingrédient

- 2 gousses d'ail - hachées
- 1 lb de farfalles - cuites
- 2 tasses de brins de menthe fraîche
- $\frac{3}{4}$ d'huile d'olive extra vierge
- $\frac{1}{2}$ tasse de bouillon de légumes
- $1\frac{1}{2}$ cuillères à café de sel
- $\frac{1}{2}$ cuillères à café de poivre frais
- 1 cuillères à soupe de jus de citron
- $\frac{1}{2}$ tasse de noix, grillées, hachées
- $\frac{1}{2}$ tasse de parmesan

Les directions:

a) Dans un mixeur ou un robot culinaire, ajouter les herbes et l'ail, et pendant que la machine est en marche, verser $\frac{1}{2}$ huile d'olive, le bouillon de légumes, puis le reste de l'huile. Salez, poivrez et citronnez, mixez, goûtez et rectifiez l'assaisonnement.

b) Mélanger avec les pâtes cuites encore chaudes, incorporer les noix et le fromage. Garnir de brins d'herbes fraîches.

86.   Nouilles aux œufs à l'ail

Rendement : 4 portions

Ingrédient

- ½ livre de nouilles aux œufs
- 4 grosse(s) gousse(s) d'ail
- 1½ tasse d'herbes mélangées
- 2 cuillères à soupe d'huile d'olive extra vierge
- Sel et poivre

Les directions:

a) Cuire les pâtes dans une grande casserole d'eau bouillante salée jusqu'à ce qu'elles soient tendres mais encore fermes, de 7 à 9 minutes. Bien égoutter.

b) Pendant ce temps, hacher l'ail, Émincer les herbes; vous aurez environ 1 tasse.

c) Mélanger l'huile d'olive et l'ail dans une grande poêle. Cuire à feu moyen, en remuant de temps en temps, jusqu'à ce que l'ail soit parfumé mais pas doré, 2-3 minutes. Retirer du feu et incorporer les herbes hachées.

d) Ajouter les nouilles cuites dans la poêle et mélanger. Assaisonner avec du sel et du poivre au goût et bien mélanger

87. Cappelini aux épinards aux herbes

Rendement : 6 portions

Ingrédient

- 8 onces de cheveux d'ange (cappelini)
- 10 onces d'épinards surgelés
- 1 livre d'épinards frais
- 1 cuillère à soupe d'olive vierge
- 1 oignon ; haché
- 2 cuillères à soupe de persil frais
- ½ cuillère à café de feuilles de basilic séchées
- ½ cuillère à café d'origan en feuilles séchées
- ½ cuillère à café de muscade moulue
- Sel et poivre au goût
- 2 cuillères à soupe de parmesan râpé;

Les directions:

a) Porter une grande bouilloire d'eau à ébullition et cuire les pâtes jusqu'à ce qu'elles soient al dente, 3 minutes. Égoutter dans une passoire; mettre de côté. Pendant ce temps, placez les épinards surgelés dans une grille à vapeur au-dessus de l'eau bouillante jusqu'à ce qu'ils soient légèrement flétris.

b) Dans une poêle antiadhésive, chauffer l'huile et faire revenir l'oignon jusqu'à ce qu'il soit ramolli. Placer les épinards, l'oignon, le persil, le basilic, l'origan, la muscade, le sel et le poivre dans le mélangeur d'un robot culinaire muni d'une lame en métal et réduire en purée. Placer les pâtes dans un bol de service, mélanger avec la sauce et saupoudrer de parmesan

88. Riz malaisien aux herbes

Ingrédient

- 400 grammes de saumon frais
- 2 cuillères à soupe de sauce soja et 2 cuillères à soupe de Mirin
- 6 tasses de riz au jasmin cuit
- Feuilles de lime kaffir
- ½ tasse grillée ; noix de coco râpée
- curcuma/galanga ; pelé
- 3 cuillères à soupe de sauce de poisson

Pansement

- 2 petits piments rouges; épépiné et haché
- ½ tasse de basilic thaï
- ½ tasse de menthe vietnamienne
- 1 avocat mûr; pelé
- 1 piment rouge; haché
- 2 gousses d'ail ; haché
- ⅓ tasse de jus de citron vert

Les directions:

a) Mélanger le soja et le mirin et verser sur le poisson et laisser mariner 30 minutes. Faites chauffer une poêle à griller ou un gril puis faites cuire le poisson jusqu'à ce qu'il soit doré.

b) Couper en julienne les feuilles de curcuma, de galanga, de piment et de combava et mélanger avec le riz cuit. Ajouter la noix de coco grillée, le basilic et la menthe et mélanger avec la sauce de poisson. Mettre de côté.

c) Réduire en purée tous les ingrédients de la vinaigrette, puis incorporer la vinaigrette dans le riz jusqu'à ce que le riz devienne vert pâle. Émiettez le poisson cuit et ajoutez-le au riz.

89. Cheveux d'ange au saumon fumé

Rendement : 4 portions

Ingrédient

- 8 onces de cheveux d'ange; non cuit
- 6 onces de saumon fumé ; émincé
- 3 cuillères à soupe d'huile d'olive
- 1 gros ail; haché finement
- $2\frac{1}{4}$ tasse Haché; tomates épépinées
- $\frac{1}{2}$ tasse de vin blanc sec
- 3 cuillères à soupe de grosses câpres égouttées
- $1\frac{1}{2}$ cuillère à café d'aneth Spice Islands
- $1\frac{1}{2}$ cuillère à café de basilic doux des îles aux épices
- $\frac{1}{2}$ tasse de parmesan; fraîchement râpé
- 2 tasses de tomates, vin

Les directions:

a) Préparez les pâtes selon les instructions sur l'emballage.

b) Entre-temps, couper le saumon, dans le sens du grain, en lanières de $\frac{1}{2}$ po de large; mettre de côté.

c) Dans une grande poêle, chauffer l'huile à feu moyen-élevé jusqu'à ce qu'elle soit chaude; cuire et remuer l'ail jusqu'à ce qu'il soit doré.

d) Remuer les câpres, l'aneth et le basilic; cuire jusqu'à ce que le mélange soit chaud, en remuant de temps en temps.

e) Dans un grand bol, mélanger les pâtes et le mélange de tomates; mélanger pour combiner.

f) Ajouter le saumon et le fromage; remuer légèrement. Garnir du reste des tomates et du persil, si désiré.

90. Morue aux herbes

Rendement : 4 portions

Ingrédient

- 3 tasses d'eau
- ½ tasse de céleri tranché
- 1 paquet de bouillon de poulet instantané
- ½ citron
- 2 cuillères à soupe de flocons d'oignons déshydratés
- 1 cuillère à café de persil frais, haché
- ½ feuille de laurier
- ⅛ cuillère à café de clous de girofle moulus
- ⅛ cuillère à café de Thym
- 4 steaks de morue désossés et sans peau
- 2 tomates moyennes, coupées en deux
- 2 poivrons verts moyens, épépinés et coupés en deux

Les directions:

a) Dans une poêle de 12 pouces, mélanger l'eau, le céleri, le mélange de bouillon, le citron, les flocons d'oignon, le persil, le laurier, les clous de girofle et le thym. Porter à ébullition, puis réduire le feu pour laisser mijoter. Ajouter le poisson et pocher 5 à 7 minutes. Ajouter les moitiés de tomates et de poivrons verts et terminer la cuisson jusqu'à ce que le poisson se défasse facilement. Retirer le poisson et les légumes, réserver au chaud.

b) Cuire le liquide jusqu'à ce qu'il soit réduit de moitié. Retirez le citron et la feuille de laurier. Placer le liquide et la moitié de la tomate et des poivrons cuits dans un récipient mélangeur. Réduire en purée lisse

c) Verser sur le poisson et le reste de tomates et de poivrons.

91. Saumon poché froid

Rendement : 1 portion

Ingrédient

- 6 sans peau ; (6 onces) de filets de saumon
- Sel et poivre blanc
- 3 tasses de bouillon de poisson ou de jus de palourdes
- 1 botte d'origan
- 1 bouquet Basilic
- 1 botte de persil
- 1 bouquet Thym
- 6 tomates ; pelé, épépiné et coupé en dés
- $\frac{1}{2}$ tasse d'huile d'olive extra vierge
- $1\frac{1}{2}$ cuillère à café de sel
- $\frac{1}{2}$ cuillère à café de poivre noir fraîchement moulu

Les directions:

a) Assaisonner le saumon sur toute la surface avec du sel et du poivre

b) Porter à ébullition le bouillon ou le jus dans une grande poêle allant au four. Ajouter le poisson, de manière à ce qu'il se touche à peine, et ramener le liquide à ébullition. Transférer au four et cuire 5 minutes en retournant le poisson

c) Pour faire la vinaigrette, retirez les tiges et hachez finement toutes les herbes. Mélanger tous les ingrédients dans un petit bol et réserver au réfrigérateur.

92.   Filets d'herbes à l'aneth

Rendement : 4 portions

Ingrédient

- 2 livres de filet de vivaneau rouge
- ¾ cuillère à café de sel
- ½ cuillère à café de poivre moulu
- ½ tasse d'huile d'olive
- 1½ cuillère à soupe de persil haché
- 1 cuillère à soupe d'échalotes hachées, épice
- 1 x chasseur lyophilisé ou frais
- 1 pincée d'origan
- ¼ tasse de jus de citron fraîchement pressé

Les directions:

a) Disposez le poisson dans un plat allant au four peu profond, huilé et à une seule couche. Saupoudrer d'huile, de persil, d'échalotes, d'aneth et d'origan. Cuire au four préchauffé à 350 degrés F jusqu'à ce que la chair se sépare à peine lorsqu'elle est testée avec une fourchette - 15 à 20 minutes. Arroser deux fois avec le jus de cuisson pendant la cuisson. Retirer le poisson dans un plat de service.

b) Mélanger le jus de citron dans le jus de cuisson, puis verser sur le poisson.

93. Poisson croustillant au four et herbes

Rendement : 4 portions

Ingrédient

- 4 filets de poisson blanc chacun
- 1 cuillère à soupe d'eau
- $\frac{1}{8}$ cuillère à café de poivre citronné
- 1 cuillère à café de margarine faible en gras, fondue
- 1 blanc d'œuf
- $\frac{1}{2}$ tasse de chapelure Cornflake
- 2 cuillères à café de persil frais haché

Les directions:

a) Préchauffer le four 400F. Vaporiser légèrement un plat de cuisson peu profond de taille moyenne avec un enduit végétal. Rincer le poisson et sécher.

b) Dans un petit bol, battre le blanc d'oeuf avec un peu d'eau. Tremper le poisson dans le blanc d'œuf, puis le rouler dans la chapelure. Disposer le poisson dans un plat allant au four. Saupoudrer de poivre citronné et de persil, puis arroser le tout de margarine.

c) Cuire à découvert 20 minutes ou jusqu'à ce que le poisson se défasse facilement

94. Fettucine aux crevettes

Rendement : 2 portions

Ingrédient

- 1 paquet de mélange pour soupe crémeuse aux herbes Lipton
- 8 onces de crevettes
- 6 onces de Fettuccini, cuits
- $1\frac{3}{4}$ tasse de lait
- $\frac{1}{2}$ tasse de pois
- $\frac{1}{4}$ tasse de parmesan, râpé

Les directions:

a) Mélanger le mélange à soupe avec le lait et porter à ébullition. Ajouter les crevettes et les pois et laisser mijoter 3 minutes jusqu'à ce que les crevettes soient tendres.

b) Mélanger avec des nouilles chaudes et du fromage.

**95.	Moules à l'ail**

Rendement : 1 portion

Ingrédient

- 1 kg de moules vivantes fraîches
- 2 échalotes ou 1 petit oignon
- 200 millilitres de vin blanc sec
- 1 feuille de laurier
- 1 Branche de persil
- 125 grammes de beurre
- 1 cuillère à soupe de persil haché; jusqu'à 2
- 2 gousses d'ail ; écrasé
- Poivre noir fraîchement moulu
- 2 cuillères à soupe de chapelure blanche fraîche pour finir
- 250 grammes Sel de mer pour la présentation

Les directions:

a) Hachez l'oignon et placez-le dans une casserole de bonne taille avec le vin, le laurier, le thym et le persil puis amenez-les à frémissement. Ajouter les moules en vérifiant qu'elles sont fermées et jeter celles qui sont ouvertes.

b) Couvrir la casserole et laisser mijoter 5 ou 6 minutes ou jusqu'à ce que les moules soient ouvertes.

c) Battre le beurre et bien incorporer le persil et l'ail avec un peu de poivre noir. Déposer 1/2 cuillère à café sur chaque moule, ajouter une légère pincée de chapelure et passer sous le gril chaud pendant 2-3 minutes.

Servir les moules chaudes sur le lit de fleur de sel.

96. Poisson des Caraïbes au vin

Rendement : 1 portion

Ingrédient

- 1 tasse Riz ou couscous - cuit
- 4 feuilles de papier sulfurisé, papier d'aluminium
- 2 petites courgettes
- 1 piment poblano
- Pasillo -- en fines lanières
- 1 livre de poisson blanc ferme désossé
- 4 tomates moyennes
- 10 olives noires
- 1 cuillère à café de basilic frais haché
- Thym -- estragon
- Persil et oignon vert
- 1 oeuf

Les directions:

a) Placer sur une plaque à pâtisserie et cuire pendant 12 minutes ou jusqu'à ce que le poisson soit cuit! Placer ½ tasse de riz cuit au milieu.

b) Garnir chaque portion de ½ tasse de lanières de courgette, d'un morceau de poisson, de ¼ tasse de tomates en dés et de 3 fines lanières de chili.

c) Saupoudrer un quart des olives hachées sur chaque portion et garnir avec $\frac{1}{4}$ de chacune des herbes fraîches.

d) Mélanger tous les ingrédients de la sauce et réduire en purée. Verser dans une petite casserole et porter à ébullition à feu moyen. Souche

97.   Lotte aux herbes à l'ail

Rendement : 4 portions

Ingrédient

- 700 grammes Filets de queues de lotte
- 85 grammes de beurre
- 2 gousses d'ail - écrasées
- Œuf battu)
- Jus d'un citron
- 1 cuillère à café d'herbes finement hachées
- Farine de saison

Les directions:

a) Ramollir le beurre et ajouter les herbes et l'ail. Froideur. -- Faire une entaille dans chaque filet de Lotte et tasser avec le beurre aux herbes refroidi. Pliez pour enfermer le beurre. Mélanger chaque morceau dans de la farine assaisonnée, tremper dans l'œuf battu et rouler dans la chapelure. Appuyez fermement la chapelure sur le poisson.

b) Mettre le poisson dans un plat beurré. Versez dessus un peu de beurre fondu ou d'huile et de jus de citron. Cuire 30-35 minutes à 375F/190C.

c) Servir aussitôt.

98. Escalopes de porc aux fines herbes

Rendement : 4 portions

Ingrédient

- 1 oeuf
- ⅓ tasse de chapelure sèche
- ¼ tasse de basilic frais, haché
- 2 cuillères à soupe d'origan frais, haché
- 1 cuillère à soupe de parmesan, frais râpé
- 1 cuillère à café de thym frais, haché
- ½ cuillère à café de poivre
- ¼ cuillère à café de sel
- 1 livre d'escalopes de porc frites
- 2 cuillères à soupe d'huile végétale

Les directions:

a) Dans une assiette creuse, battre légèrement l'oeuf. Dans un autre plat peu profond, mélanger la chapelure, le basilic, l'origan, le parmesan, le thym, le poivre et le sel. Tremper le porc dans l'œuf pour bien l'enrober; presser dans le mélange de chapelure, en tournant pour bien enrober.

b) Dans une grande poêle, chauffer la moitié de l'huile. À feu moyen; cuire le porc, par lots et en ajoutant le reste de l'huile si nécessaire, en le retournant une fois, pendant 8 à 10 minutes ou jusqu'à ce qu'il ne reste qu'un soupçon de rose à l'intérieur. Servir avec des pommes de terre nouvelles rouges et des haricots jaunes.

99.   Saucisse aux herbes du monastère

Rendement : 1 portion

Ingrédient

- 400 grammes de porc maigre
- 400 grammes de bœuf maigre
- 200 grammes de lard de porc vert ou gras
- Poitrine de porc sans peau
- 20 grammes Sel
- 2 cuillères à café de poivre blanc finement moulu
- 1 cuillère à café de Thym
- 1 cuillère à café de marjolaine
- 5 pièces piment
- 1 Pièce finement moulue
- Canelle

Les directions:

a) Émincer le porc, le bœuf et la graisse au moyen d'un disque de 8 mm. Mélanger les herbes et les épices et saupoudrer sur la masse de viande et mélanger le tout à la main pendant 5 à 10 minutes.

b) Placer l'entonnoir dans le mélangeur et remplir les boyaux de porc. Twist dans la longueur de votre choix.

100.   Filet d'agneau aux herbes

Rendement : 4 portions

Ingrédient

- 450 grammes de filet de cou d'agneau
- 1 cuillère à café de thym séché
- 1 cuillère à café de romarin séché
- 2 gousses d'ail, tranchées finement
- 2 cuillères à soupe d'huile d'olive
- Sel et poivre noir fraîchement moulu

Les directions:

a) Coupez chaque morceau d'agneau en deux dans le sens de la largeur puis coupez dans le sens de la longueur, pas tout à fait dans toute la longueur, et dépliez-le comme un livre. Pour cuisiner en toute sécurité sur un barbecue, chaque morceau ne doit pas dépasser 2 cm d'épaisseur. S'il est plus épais, battre légèrement avec un rouleau à pâtisserie entre 2 morceaux de film alimentaire.

b) Mélanger tous les ingrédients restants dans un bol et ajouter l'agneau. Bien mélanger, puis couvrir et laisser au réfrigérateur jusqu'à 48 heures, en retournant de temps en temps.

c) Placer la viande sur la grille du barbecue et cuire 4-5 minutes de chaque côté.

d) Assurez-vous qu'il est bien cuit. Badigeonner légèrement de marinade pendant la cuisson.

CONCLUSION

Les chefs et les cuisiniers à domicile utilisent des herbes fraîches et séchées pour préparer des plats sucrés et salés, allant des sauces riches aux salades légères et aux pâtisseries aux herbes. En plus de leurs utilisations culinaires, les herbes médicinales et leurs précieuses huiles essentielles sont reconnues pour leurs bienfaits pour la santé depuis le Moyen Âge, allant des bienfaits anti-inflammatoires et antiviraux aux pouvoirs topiques de nettoyage de la peau.

Devenez un meilleur cuisinier à la maison à base de plantes avec les plats mis en évidence dans ce livre.

www.ingramcontent.com/pod-product-compliance
Lightning Source LLC
Chambersburg PA
CBHW071811080526
44589CB00012B/753